マリアさま

OUR LADY IN JAPAN, IRELAND AND ROME

はじめに

　マリア様に順序をつけたくないのでこの書にはページの数字がありません。おおむね北から南（西）への流れで構成されていますが、特に意味はありません。好きな時に好きなページを開いて、そのマリア様と対面していただければ、と思います。

　そしてあちらこちらに余白を設けてあります。ここには御自身で好きな言葉や詩を書き込んで下さい。ただながめるだけでなくこの書へ参加していただきたいのです。ですから、思いついたらいつでも書き込めるように、持ち運べる大きさにしました。

　いつでもどこでも、この書と会話していただければ幸いです。

2019 年 10 月　伊藤　龍也

天使の聖母トラピスチヌ修道院
Trappistine Monastery

弘前教会
Hirosaki Church

三沢教会

Misawa Church

大館教会
Oodate Church

鮫町教会
Samemachi Church

土崎教会
Tsuchizaki Church

二戸教会
Ninohe Church

山形教会
Yamagata Church

八木山教会
Yagiyama Church

鶴岡教会

Tsuruoka Church

佐渡教会
Sado Church

一関教会
Ichinoseki Church

元寺小路教会

Mototerakoji Cathedral

東仙台教会
Higashisendai Church

畳屋丁教会
Tatamiyacho Church

能代教会　　　　　　　　　　　Noshiro Church (Mt.fuji)

郡山教会
Kooriyama Church

松木町教会
Matsukicho Church

新潟司教館
Niigata Cathedral

福米沢教会
Fukumezawa Church

個人宅
Cottage

米川教会
Yonekawa Church

白河教会
Shirakawa Church

新潟司教館
Niigata Cathedral

新潟教会
Niigata Cathedral

長岡教会（表町）
Nagaoka Church

栃尾教会
Tochio Church

足利教会
Ashikaga Church

館林教会　　　　　　　　　　　　　　　　　Tatebayashi Church

聖フランシスコ修道院（桐生）
St. Francis Monastery (Kiryu)

前橋教会
Maebashi Church

行田教会
Gyoda Church

小山教会
Oyama Church

イエスの小さい姉妹の友愛会修道院
(宮寺)

Little Sister Of Jesus Monastery
(Miyadera)

真岡教会
Mooka Church

土浦教会
Tsuchiura Church

本所教会
Honjo Church

関口教会
Sekiguchi Cathedral

高円寺教会　　　　　Koenji Church

フレスコ画
　長谷川 路可
Flesco
by Luka Hasegawa

喜多見教会
Kitami Church

泉町教会
Izumicho Church

府中教会
Fuchu Church

関町教会

Sekimachi Church

無原罪聖母修道院（默想）
Immaculate St. Mary Monastery

館山教会
Tateyama Church

学生の家聖堂

(製作 カルペンチール神父)

Church of Student House
(Drawn by FR, Carpentier)

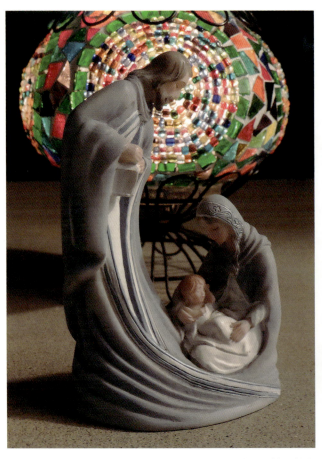

立川　神の教会
Tachikawa Church Of GOD

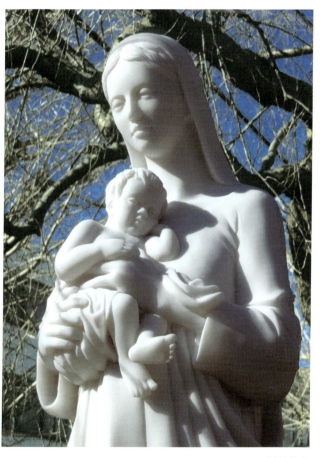

二俣川教会
Futamatagawa Church

神山復生病院
Kooyama fukusei Hospital

山手教会
Yamate Cathedral

横須賀三笠教会　　Yokosukamikasa Church

聖ヨゼフ病院
St. Joseph Hospital

浜松教
Hamamatsu Churc

軽井沢教会
Karuizawa Church

山城教会
Yamashiro Church

長野教会
Nagano Church

諏訪教会
Suwa Church

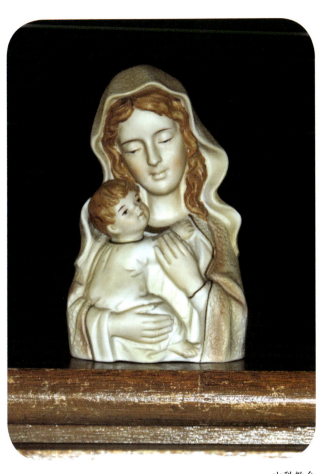

山科教会
Yamashina Church

浄水通教会
Joosuidoori Church

戸畑教会
Tobata Church

黒崎教会
Kurosaki Church

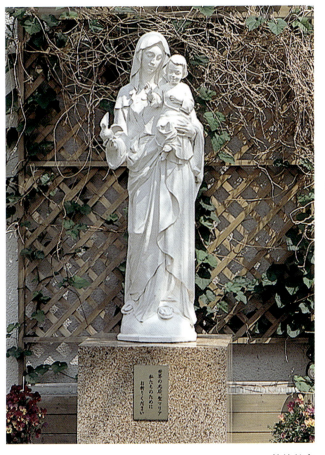

箱崎教会
Hakozaki Church

高宮教会　　Takamiya Church

大牟田教会
Oomuta Church

吉塚教会
Yoshizuka Church

美野島司牧センター
Minoshima Pastoral Center

今村教会
Imamura Church

鳥栖教会
Tosu Church

久留米教会

Kurume Church

基山教会
Kiyama Church

佐賀教会
Saga Church

武雄教会
Takeo Church

本渡教会
Hondo Church

大江教会
Ooe Church

カリガライン教会
Carrigaline Church

ブラックロック教会

Blackrock Church

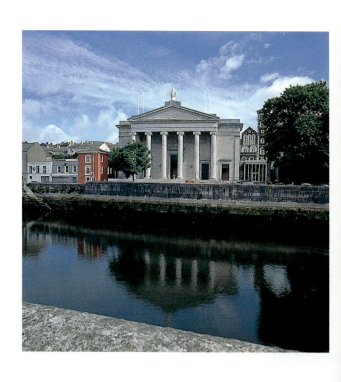

セントメァリー教会
St. MARY Church

セントフランシス教会
St. Francis Church

ダグラス教会

Douglas Church

聖コロンバン会本部修道院
St. Columban's Monastery

アイルランド民家
Cottage

ローマ市内
Rome ITALY

ローマ市内
Rome ITALY

バチカン

Vatican

あとがき

　この書の製作にあたり司教様方をはじめ多くの神父様、修道士、修道女、信徒の方にたいへんおせわになりました。自動車で駅まで送ってもらったり、一緒に食事したり、朝ごはんをごちそうになったり、楽しいことばかりが想い出となってよみがえって来ます。司教様から「オゥ、また来たな」なんて声をかけられると嬉しくてうれしくて……。そして、これはナイショですが、一度だけ神父様といっ

鹿角教会（表紙）
Kazuno Church（Cover）

しょに温泉に浸ったこともありました。広い湯船でのんびり世間話も。

　各教会のマリア様はすこしずつちがっていて、カメラのファインダーをのぞいた時にはいつも新しい発見と喜びがありました。その中でも信者の手作りで日本人形のようなマリア様や木彫りの素朴な仕上りのマリア様など、そして工夫して折り紙で作ったきれいなマリア様に出会うこともありました。真岡教会のマリア様はタペストリーです。各地にはタタミの教会もいくつか残っていて、そこに座って両手を合わせる一瞬がなんともうれしくて、「ああ日本の教会だ」なんて心の奥で安心してしまうのです。

　　　　　　　　　2019年10月　伊藤　龍也

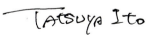

所在地一覧

天使の聖母トラピスチヌ修道院	北海道函館市上湯川町 346
弘前教会	青森県弘前市百石町小路 20
三沢教会	青森県三沢市中央町 4-3-15
大館(おおだて)教会	秋田県大館市有浦 1-7-45
鮫町教会	青森県八戸市鮫町大開 2
土崎(つちざき)教会	秋田県秋田市土崎港南 3-13-35
二戸(にのへ)教会(閉鎖)	
山形教会	山形県山形市香澄町 2-11-15
八木山(やぎやま)教会	宮城県仙台市太白区松が丘 44-1
鶴岡教会	山形県鶴岡市馬場町 7-19
佐渡教会	新潟県佐渡市両津夷 249
一関(いちのせき)教会	岩手県一関市大手町 7-5
元寺小路(もとてらこうじ)教会	宮城県仙台市青葉区本町 1-2-12
東仙台教会	宮城県仙台市宮城野区東仙台 6-8-1
畳屋丁(たたみやちょう)教会	宮城県仙台市若林区畳屋丁 31
能代教会	秋田県能代市景林町 15-19
郡山教会	福島県郡山市虎丸町 13-1
松木町(まつきちょう)教会	福島県福島市松木町 4-2
新潟司教館	新潟県新潟市中央区東大畑通一番町 656
福米沢(ふくめざわ)教会(現・南会津教会)	福島県南会津郡南会津町福米沢字大田
個人宅	

米川教会（よねかわ）	宮城県登米市東和町米川字町裏 41-2
白河教会	福島県白河市鷹匠町 21
新潟教会	新潟県新潟市中央区東大畑通一番町 656
長岡教会（表町）	新潟県長岡市表町 4-1-5
栃尾教会	新潟県長岡市金沢 2-1-36
足利教会	栃木県足利市巴町 2121
館林教会（たてばやし）	群馬県館林市大手町 11-21
聖フランシスコ修道院（桐生）	群馬県桐生市堤町 3-14-20
前橋教会	群馬県前橋市大手町 2-14-6
行田教会（ぎょうだ）	埼玉県行田市旭町 16-2
小山教会（おやま）	栃木県小山市本郷町 2-2-20
イエスの小さい姉妹の 友愛会修道院（宮寺）	埼玉県入間市宮寺 2837
真岡教会（もおか）	栃木県真岡市台町 2427
土浦教会	茨城県土浦市大町 9-6
本所教会	東京都墨田区石原 4-37-2
関口教会	東京都文京区関口 3-16-15
高円寺教会	東京都杉並区高円寺南 2-33-32
喜多見教会（きたみ）（閉鎖）	
泉町教会（いずみちょう）	東京都八王子市泉町 1287
府中教会	東京都府中市府中町 1-40-11

<ruby>関<rt>せき</rt></ruby><ruby>町<rt>まち</rt></ruby>教会	東京都練馬区関町北 2-11-7
無原罪聖母修道院（黙想）	東京都練馬区上石神井 4-32-11
<ruby>館<rt>たて</rt></ruby><ruby>山<rt>やま</rt></ruby>教会	千葉県館山市北条 1901-7
学生の家聖堂	東京都新宿区百人町 2-23-27
<ruby>立<rt>たち</rt></ruby><ruby>川<rt>かわ</rt></ruby>　神の教会	東京都立川市富士見町 1-7-16
<ruby>二<rt>ふた</rt></ruby><ruby>俣<rt>また</rt></ruby><ruby>川<rt>がわ</rt></ruby>教会	神奈川県横浜市旭区二俣川 2-36
<ruby>神<rt>こう</rt></ruby><ruby>山<rt>やま</rt></ruby><ruby>復<rt>ふく</rt></ruby><ruby>生<rt>せい</rt></ruby>病院	静岡県御殿場市神山 109
山手教会	神奈川県横浜市中区山手町 44
横須賀三笠教会	神奈川県横須賀市稲岡町 82
聖ヨゼフ病院	神奈川県横須賀市緑が丘 28
浜松教会	静岡県浜松市中区富塚町 2662
軽井沢教会	長野県北佐久郡軽井沢町大字軽井沢 179
山城教会（山城センター）	山梨県甲府市小瀬町 654
長野教会	長野県長野市西鶴賀町 1491-12
諏訪教会	長野県諏訪市湖岸通り 4-1-36
<ruby>山<rt>やま</rt></ruby><ruby>科<rt>しな</rt></ruby>教会	京都府京都市山科区御陵中筋町 3
<ruby>浄　水　通<rt>じょうすいどおり</rt></ruby>教会	福岡県福岡市中央区浄水通 6-22
<ruby>戸<rt>と</rt></ruby><ruby>畑<rt>ばた</rt></ruby>教会	福岡県北九州市戸畑区千防 1-8-15
黒崎教会	福岡県北九州市八幡西区筒井町 4-7
箱崎教会	福岡県福岡市東区馬出 4-8-21
高宮教会	福岡県福岡市南区高宮 4-10-34

大牟田（おおむた）教会	福岡県大牟田市有明町 2-2-12
吉塚（よしづか）教会	福岡県福岡市博多区吉塚 5-17-40
美野島（みのしま）司牧センター	福岡県福岡市博多区美野島 2-5-31
今村教会	福岡県三井郡大刀洗町今 707
鳥栖（とす）教会	佐賀県鳥栖市本通町 1-806
久留米教会	福岡県久留米市六ツ門町 22-43
基山（きやま）教会	佐賀県三養基郡基山町園部 2264
佐賀教会	佐賀県佐賀市中央本町 1-17
武雄（たけお）教会	佐賀県武雄市武雄町富岡 8281
本渡（ほんど）教会	熊本県天草市大浜町 3-28
大江教会	熊本県天草市天草町大江 1782
カリガライン教会	Carrigaline Co.CORK IRELAND
ブラックロック教会	Blackrock Co.CORK IRELAND
セントメァリー教会	CORK CITY IRELAND
セントフランシス教会	CORK CITY IRELAND
ダグラス教会	Douglas Co.CORK IRELAND
聖コロンバン会本部修道院	Navan Co.MEATH IRELAND
アイルランド民家	Douglas Co.CORK IRELAND
ローマ市内	Rome ITALY
ローマ市内	Rome ITALY
バチカン	Vatican

表　紙　鹿角教会(かづの)　（秋田県鹿角市十和田毛馬内字下小路 59-1）
裏表紙　呼子教会(よぶこ)　（佐賀県唐津市呼子町殿ノ浦 1868-1）
高宮教会　撮影　福島 涼史

伊藤龍也（いとう たつや）
立川に生まれ、杉並区で育つ。
20歳前後からローカル線をテーマに撮影。16～7年前から雑誌『多摩のあゆみ』（たましん地域文化財団 発行）で東京・多摩地区の古い建物のコラムを連載。ひょんなことでカトリックの神父様と出会い、函館から天草まで約10年にわたり取材。ふつうの人びとから「そういうのもいいね」と感じてもらえる内容と表現をこころがける。現在立川市在住。

マリアさま

2019 年 11 月 24 日　初版第 1 刷印刷
2019 年 12 月 1 日　初版第 1 刷発行

著者・写真　伊藤龍也
発行人　　　森下紀夫
発行所　　　論創社
東京都千代田区神田神保町 2-23 北井ビル
tel.03（3264）5254 fax.03（3264）5232 web.http://www.ronso.co.jp/
振替口座　00160-1-155266
印刷・製本／中央精版印刷　　装幀・組版／フレックスアート
©2019 Ito Tatsuya
Printed in Japan
ISBN978-4-8460-1880-1
落丁・乱丁本はお取り替えいたします。